JN439085

3월의 DNA

시산맥 기획시선 053

3월의 DNA

시산맥 기획시선 053

초판 1쇄 발행 | 2017년 7월 20일

지 은 이 | 주선균
펴 낸 이 | 문정영
펴 낸 곳 | 시산맥사
편집주간 | 김광기
편집위원 | 안차애 이성렬 전해수 정재분
등록번호 | 제300-2013-12호
등록일자 | 2009년 4월 15일
주 소 | 03131 서울특별시 종로구 율곡로 6길 36.
월드오피스텔 1102호
전 화 | 02-764-8722, 010-8894-8722
전자우편 | poemmtss@hanmail.net
시산맥카페 | http://cafe.daum.net/poemmtss

ISBN 978-89-98133-87-0 03810

값 9,000원

* 이 도서의 국립중앙도서관 출판시도서목록(CIP)은 서지정보유통지원시스템 홈페이지(http://seoji.nl.go.kr)와 국가자료공동목록시스템(http://www.nl.go.kr/kolisnet)에서 이용하실 수 있습니다.

3월의 DNA

주선균 시집

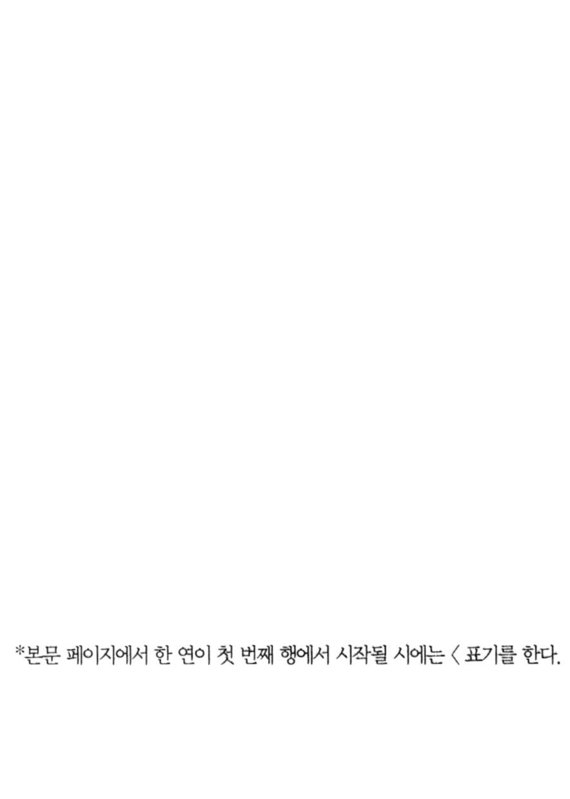

*본문 페이지에서 한 연이 첫 번째 행에서 시작될 시에는 〈 표기를 한다.

■ 시인의 말

화산으로 터져 오르기 전에는
그저 땅속에 묻힌 불덩이에 불과한 것들
땅의 뚜껑을 밀어젖히고 올라야만
비로소 코끼리바위도 되고 거북바위도 된다.

어느 날
나도 몰랐던 내 안의 불덩이가 솟아올랐다.
아직 형체 불분명하고
흠집투성이인 그저 그런 형상이지만
그 모습 드러내지 못하고 그대로 묻혀만 있다면
삶은 너무 섭섭하지 않겠는가.

詩의 뚜껑이 열리도록 이끌어주신 분들께
고개 숙여 감사드린다.

2017년 여름, 주선균

■ 차 례

1부

2부

3부

4부

1부

角

강가의 돌멩이
그도 처음엔
바람에 맞서고 물살에 버티던
角진 돌이었을 것이다

오랜 세월
바람에 쓸리고 물살에 뒹굴며
角들은
안으로 다져지고 밖으론 닳아져
바람도 슬쩍 흘려보내고
물살에도 적당히 굴러주는
노련한 차돌이 되었다

角진 턱은 간데없고
두툼한 턱으로만 남은 돌멩이

조심하라,
언제 뒤통수로 날아들지 모르니!

습관적 폭력

눈 그친 새벽
습관처럼
아파트 둘레를 걷는다

다섯 바퀴 도는 동안
다섯 번 찍힌 발자국들

똑같다!

904동에서 905동으로 돌아갈 때
오른쪽 발자국부터 방향이 틀어진 것도
관리실 옆 계단 오를 때
첫 칸에 왼쪽 발자국부터 찍힌 것도
두 칸씩 건너가며 찍힌 것도

빠드득빠드득
눈 밟는 소리도
빠드득빠드득
눈이 비명 지르는 소리도

아들의 아들

간경화로 이식 수술 받고 입원 중인 친구, 아들이 재수해야 한다며 울먹거린다 그게 뭐 그리 대수냐 의아해 하니 아들의 간을 이식 받았단다 독서실에 간다 하고 헬스장 다닌 것을 야단친 일이 마음에 걸린단다 굳어가는 아빠의 간을 자신의 근육만큼 펄떡펄떡 뛰게 만들고 싶었다는 아들의 말을 전하며 계속 울먹거리는 친구 한참의 숙연을 깨며 다른 친구가 한 마디 띄운다 그럼 너는 네 아들의 아들이네, 아들이 생명을 주었으니 모두들 맞다 맞다 하며 웃는다 벌겋게 젖은 눈을 훔치며 웃는다

뚜껑

재미[樂]를 뚜껑[艹]으로 덮으면 약[藥]이다
약[藥]을 업[業]으로 삼은 지 이십여 년

이미 질식해 죽은 줄 알았던 재미가 어느 날
더는 못 참겠다는 듯 뿔 몇 개 달고 뛰쳐나왔다

그중 글[文] 뿔이 가장 날카롭고 길었다 그러나 글의
포장도로도 아니고 오솔길도 아닌
외줄을 타야하는 詩라니

글 재미로 또 한 번 묵직한 뚜껑에 갇힌 셈이다

하지만 뚜껑 속에서 자기를 향한 몸부림들,
봉오리[蕾] 안의 장미 어린 꽃잎처럼
항아리 덮개[蓋] 속의 밴댕이 젓갈처럼
고치[繭] 속에 밀봉된 제비나비 애벌레처럼
더 처절해져야겠다
詩의 뚜껑에 덮여 약[藥]이 될 때까지

말의 해빙

냉장고에서 꺼낸 사과의 꼭지 부분이 얼어 있다
꼭지는 사과가 나무와 말을 주고받던 통로
꼭지가 언 것은 못 다 전한 말들이 얼어붙었다는 얘기
할 말 못하던 사과도 이미 멍들었다는 얘기
이제 꼭지가 녹으면서
굳었던 하소연들 입김처럼 풀릴 것이다

스치듯 다가온 나비 한 마리, 동그랗게 말아 숨긴
달콤한 말 한 마디가 노련하게 꽃술에 닿는 순간
화들짝 속살 열어젖힌 꽃 시절의 아뜩했던 사연이나
방문 닫아 건 눈물, 불러 오는 배도 모른 척 뒷짐만 지던
나무에 맺힌 야속함도 함께 풀릴 것을 상상해 보다가
문득,

절벽 같던 아버지와의 육십 년 치 얼어붙었던 말들
일 년 만에 모두 풀어내시고
아지랑이 따라 폴폴 하늘로 날아가신
어머니의 해빙을 생각해 본다

어느 장례식장에서

자신이 길어지면 빗변도 길어지고 높이 또한 우뚝 솟을 거라고 그러면 내각의 합도 그만큼 더 커질 거라고 삼각형의 밑변은 생각했지요 그래서 밤낮없이 자신의 길이를 늘이는 것에만 열중했어요 밑변이 길어지니 빗변도 길어졌어요 신이 난 밑변은 더욱 열심을 냈지요 하지만 훌쩍 커 버린 높이를 토닥거리며 뾰족한 모서리들을 쿵쾅쿵쾅 굴리며 가느라 빗변은 늘 힘겨웠어요 그것도 모른 채 밑변은 혼자 바빴고… 견디다 못한 빗변이 무너지고 말았지요 그제야 밑변은 깨달았어요 한 발 한 발 같이 가지 않으면 삼각형은 언제든 부서질 수 있다는 사실을요

외로운 조지

갈라파고스 외딴 섬 핀타에
마지막 남은 거북 한 마리
찰스 다윈 연구소에서
'외로운 조지'라 불렸지

그곳에서는 돌도 바람도 구름도 안개마저도
보고서 속의 글자였을 뿐
갈라파고스에는 없던 글자였을 뿐

코끼리 코처럼 기다란 목에 층층이 쟁여놓았던
핀타의 추억이 그리워지면
골방 같은 껍데기 속으로 들어가 눈물을 훔쳤지

핀타는 독립된 시간의 섬
수억 년 퇴적된 그곳의 전설들은
등 껍데기 속에서 그와 함께 허물어졌어
그렇게 지상의 점 하나 가뭇 사라지자
뒹구는 거북의 빈껍데기처럼
세상은 한층 더 쓸쓸해졌지

개에 대한 반성적 고찰
– 복효근 풍으로

개만큼 억울한 짐승도 없다 이름만으로도 욕인데 그 뒤에 쌍욕 하나 덧붙여 '개새끼'가 되고, 만만한 게 개좆이라더니 막상 접시 위에 올라오면 입술이 촉촉해지며 눈꼬리 가늘어지는 인간들 '여우같은 놈'하면 얄밉지만 영리하다는 뜻도 있고, '너구리같은 놈'은 음흉하지만 노련하다는 의미도 있지만 '개 같은 놈'은? … 그래도 괜찮은 비유가 전혀 없는 것은 아니다 '서당개 삼 년에 풍월 읊는다'가 그것인데 이도 알고 보면 눈치껏 하라는 얘기 하지만 정작 그러다가는 재수없다고 옆구리 걷어차이기 일쑤다 반려견이라 해도 처지는 마찬가지, 고환 자궁 다 떼어내 오줌 눌 때마다 쭈그려야 할지 짝다리 들어야 할지 버벅거리고, 파마에 염색까지 해놓아 지가 사람인지 개인지 헷갈리면서도 꼬리는 흔들어야 한다

개털 한 올만큼도 남지 않을 권력에 세상을 개판으로 만드는 인간들을 '개보다도 못한 놈'이라며 빗댈 때에도 항변은 개뿔, 그저 개만 억울할 뿐이다

王

조명이 강할수록
그늘은 짙다

활기찬 운동으로 근육이 부풀어 오르는 동안
물 한 모금에도 인색하던 군살,
그늘이 되었다

식단표의 글자들이 튀어나와
미각의 돌기로 박힐까봐
동굴 안에서 혼자 밥을 먹었다
마늘과 쑥은 아니지만
수탉의 목청만큼이나 퍽퍽한 가슴살로

나를 죽여 남을 드러내는 일
자신을 태우는 일이라서
사람들 부러워하는 우람한 복근 사이사이에
까만 재로 남아 더욱 짙어진 그늘,

'王'이 되었다

힐링

지워드리지요

차이의 불만이 씰룩대는 미간의 주름을
일상의 배신으로 얼룩진 눈 밑 기미를
환한 미소마다 흐려놓는 다크서클을
어쩔 수 없는 삶의 잡티를

굳게 다문 입술 끝 고인 불만을
이마에 새겨진 새파란 아집을
팔자주름 타고 흐르는 세월의 음흉을
날렵한 콧날의 고립을

이따금씩 눈가에 어른대는
유쾌한 날들의 처연을
꿋꿋함의 허탈을
지난 것들이 남겨놓은 굴욕을
다가올 시간들의 공포를

지워드리겠습니다
내 눈빛과 당신 눈빛이 만나는 지점에서
서로에게 물들어가며 하나 되는 끄덕임으로

춘투春鬪

오봉산[*] 진달래들 연좌농성 중이다 아직 바닷바람 찬데 산비탈에 군데군데 모여앉아 맺혔던 불만 발그락발그락 터뜨리고 있다 텔레비전에서는 왜 벚꽃 개화 시기만 발표하냐고 봄꽃이 벚꽃뿐이냐고 어떻게 되찾은 봄인데 살랑바람에도 하르르 흩어지다가 봄산 유혹하듯 속치마만 사분거리면 다냐고 모진 계절 견디느라 까칠해진 산의 가슴 열어 꽃의 분수 뿜어올린 게 누구냐고 내년부터는 개화 거부 투쟁까지 불사하겠다며 옹골찬 봉오리 주먹도 흔들어대다가

그래도 천지간 꽃 살 터지는 봄날이라고 진달래전 안주에 진달래주 한 잔으로 몽롱해진 봄 햇살 아래, 가난한 집 맏딸 같은 꽃들 발긋발긋 농성 중이다 바다 한가운데 통통배로 떠 있는 집안 걱정에 소래포구 바라보며 붉은 한숨 흘리다가도 첫사랑 이야기할 때는 발그레진 두 뺨을 바위 뒤에 숨기기도 하면서

*인천광역시 남동구 소래부근의 야산.

수상한 눈물

내 눈물이 수상하다
어둠 속에서 어둠도 모르게 흐르는 눈물
감상의 게릴라를 막으려
감정 줄에 군데군데 검문초소 설치했지만
어둠처럼 스며들어 기어이 무너뜨린 눈물의 둑

아직은 사내인데, 그래도 애비인데
넘사시러워
고개를 뒤로 젖히는 척하면서
떨어진 무언가를 줍는 척도 하면서
오른쪽 아내와 왼쪽 아들이 눈치 채지 못하게
슬그머니 훔쳐내는 두 뺨

이순[耳順]이면 눈물도 순해지는가
폭포수는 아니고
완만한 물길처럼 부드러운
어둠처럼 그저 번져가는
그럼에도 더 짜디 짠

수상한 그녀*보다 더

수상한 나의 눈물

*영화 제목.

엇박

정박으로만 걷던 걸음
한 쪽 다리 다쳐 한동안 엇박이었다
제 박자로만 걸으려던 오른발
반 박 늦게 땅을 끌던 왼발
길이와 세기가 엇갈렸지만
덧대거나 늘여 붙인 걸음으로
쿵 으 – 따, 쿵 으 – 따…

다친 후에야 알았다
당신과 나 여기까지 온 것이
엇박도 있었기에 가능했다는 걸
때로는 내가, 때로는 당신이 엇박이어서
영원히 엇갈리고 싶을 때도 있었지만
엇박의 비껴감은 정박이 잡아주고
정박의 지루함은 엇박이 풀어주며
덧대거나 늘여 붙인 박자로
쿵 으 – 따, 쿵 으 – 따…

한 몸뚱이 다리 두 개
내딛는 각도 엇갈리지만

서두르면 잡아주고
뒤쳐지면 끌어주는
덧대거나 늘여 붙인 엇박의 균형
쿵 으 – 따, 쿵 으 – 따…

결합상품

늙은 아비가 목욕탕 한쪽 구석에서
늙은 아들의 등을 밀고 있다

아프다는 듯 이리저리 뒤채는 아들과
이따금씩 한숨을 몰아쉬는 아비는
텅 비어 더 커 보이는 아들의 눈과
뭐라도 채워 넣으려 높아지는 아비의 음성은
사십도 안 된 나이에 아비만큼 구부정한 아들의 등과
힘없이 밀고 있는 아비의 아픈 어깨는 항상
결합상품으로 묶여 있어
천장에서도 뚝뚝 눈물이 떨어진다
이제는 평생 소아 방에 갇힌 아들이 아비를 밀 차례
수증기 자욱한 장난기가 히죽히죽
아비의 등에 찬 물을 끼얹는다
흐흐흐… 아들의 웃음소리는 욕탕 안을 번져가고

쩔그렁쩔그렁
늙은 아비의 눈 속에서 흔들리는
늙은 아들

2부

즐거운 착각

샌드위치 세 조각과 롤케익 한 줄에 삼 만원이라니 참 쓸 돈 없구나 생각하며 오만 원 한 장 꺼냈지 무심결에 받아 넣은 나머지 돈으로는 내일 북한산 다녀올 여비로도 빠듯하지 않을까, 허탈한 마음으로 집에 돌아와 보니 주머니 속에 삼만 원이 들어 있는 것 아닌가? 제과점 점원이 받을 돈과 거스름돈을 착각했던 모양이야 나 역시 줄 돈과 받을 돈을 헷갈렸을 테고 순간, 가끔은 착각하는 것도 괜찮겠다 싶더군 쓴 돈과 쓸 돈의 액수가 뒤바뀌듯 쓴 날들과 쓸 날들을 착각하며 사는 것도 내 나이엔 즐거운 일 아니겠어? 허허허

첫 번째 무지개

방금 산 도화지를 운동장 웅덩이에 떨어뜨렸네 숨어 있다 놀래키던 술래처럼 바람이 채 가버렸네 내 얼굴도 젖어버린 도화지 선생님의 새파란 눈초리와 시커먼 교실 문이 커다랗게 다가왔네 수업 시작 종소리는 가슴을 쿵쿵 찧는데,

자~ 불쑥 드밀어진 도화지 한 장! 처음 보는 계집애였네 생글생글 웃고 있었네 받아~ 얼떨결에 받았다네 고맙다는 말은 두 뺨에서 발갛게 멈춰 섰는데 벌써 저만치 뛰어가던 파란색 주름치마

그날 나는 그 도화지에 무엇을 그렸을까? 그 아이 얼굴처럼 떠오르지 않네 다만 나폴나폴 주름치마가 달아나던 쪽 하늘에 걸쳐 있던, 지금도 그날과 오늘을 이어주는 내 어린 날의 무지개

선데이서울과 윤리교과서

세 번 접혀 있어 더 감질나던 비키니 여배우 브로마이드와
애국, 효도, 질서로 삼등분 된 교과서 갈피 사이에서

책상 밑에 숨겨놓고 낄낄거리던 스릴과
책상 위에 펼쳐놓고 까무룩 졸던 권태 사이에서

관능적 표지 모델의 붉은 유혹과
회색 겉장에 반듯한 붓글씨체의 근엄 사이에서

여자의 풀어헤친 가슴골 여유와
턱밑까지 채워 잠근 동절기 교복의 까만 긴장 사이에서

하굣길 만원 버스 안, 책가방 속에서는
함께 흔들리기도 하면서

왕십리

그때,
학교 마크 선명한 노란색 대형 버스에
파릇파릇 들떠 있던 우리들 수다는 순식간 누렇게 시들어 버렸어
버스에서 내리던 그 아이들이 나비라면
우리들은 딱정벌레
나비들 날갯짓에 벌레들은 몸을 움츠렸지
활짝 펼쳐진 날개만큼 화려한 그들의 악기가
음악책 속 사진들을 떠오르게 하면서
우리들은 서로 다른 이름을 우기며 편이 갈렸어
어물어물 오른 무대에선 선생님의 지휘봉도 가물가물
피리 속에선 삑삑새가 울어댔고
분위기처럼 가라앉은 트라이앵글 둔탁한 소리
케스터넷츠는 단지 짝짝이었으며
큰북소리는 쿵쿵 저 혼자 앞서 나갔지
학교로 돌아오던 만원 버스 안
우리들은 서로를 외면하며 창밖의 빗물만 바라보았어
가도 가도 왕십리, 비가 온다 했던 소월의 시는 몰랐지만

무학초등학교* 삼학년 우리들 어린 마음에도
조금씩은 그런 느낌이 있었던 거야

*서울 성동구 하왕십리동에 위치한 초등학교. 1966년 당시, 3학년에 재학 중이었다.

또 다른 우리들

임관 후 35년 만에 처음 모인
학군단 동기들
아니라고 항변하고 싶겠지만

군데군데 올 풀려 너덜해진 섬유과 김군
엔진 오일 끈적이는 기계과 최군
공산주의 이론처럼 낡아 버린 사회학과 이군
울퉁불퉁 거친 옹이로만 남은 임학과 오군
약 먼지 뽀얗게 내려앉은 약학과 박군
세월은 단지 물리적 변화일 뿐이라며 여전히 낙천적인 물리학과 손군
아니라며 호된 세파에 성질머리 강산성으로 변한 화학과 정군
오래된 문예지 갈피처럼 누렇게 찌든 국문과 문군, 그리고
주인공 한번 못 해보고 너무 빨리 드라마가 끝나버린 신방과 故 조군까지

모두들 임관식에서의 빛나던 모습이 선하건만
여기 어스름한 골목길 대폿집으로 모여든 우리들은
또 누구인가?

순두부찌개를 먹다가

찌개는 국물보다
두부 속에
더 많은 분노를 감춰 두었어
팔팔 끓는 국물을
후~
후~
식혀가며
이만하면 됐겠지,
두부 한 점 삼키는 순간
화들짝,
오그라드는 목구멍
뱉어 낼 수도
엇! 뜨거,
소리칠 수도 없어
눈물도 너댓 방울
삼키고야 말았지

화 풀린 듯한 그녀와
화해 밥을 먹다가

한 쪽 날개로는

X-ray 사진에 척추가
왼쪽으로 심하게 휘어져 있다

양말 신을 때도 오른발부터
그녀 만날 때도 오른손 흔들어 안녕
나를 대리하는 지문도 오른쪽 엄지로만
그렇게 오른쪽 위주로 살았더니
왼쪽이 몹시 서운했나 보다

기울어진 균형을 바로 잡으려
척추 교정 체조를 시작했는데
오른쪽이 더 난리다
오른쪽 어깨가 부서질 듯 아프고
오른팔이 엄청 저리다
기득권을 포기하는 게 이리도 힘들다

평생 우향우만으로 살아온
나의 업보다

여우

은밀하던 본능이 드러나는 란제리 룩,
자잘하던 꿈들이 물방울무늬로 솟아오르고
터질 것 같던 욕망은 장미꽃 문양으로 핀다
깊이 숨겨두었던 여인의 상처들도
세련된 치마 결에서 당당하다
변신에 걸려든 시선들
흘끔흘끔 주위를 맴도는 동안
아슬아슬한 어깨 끈 언제 끊어질지 몰라
가슴을 움켜쥐던 두려움도
발걸음 리듬에 맞춰지면
팔랑팔랑 치마 단에서 바람을 부추긴다
한 벌 옷의 변신으로도 얼마든지
변할 수 있는 여심女心들
종잡을 수 없는 이유다

허브 향에 취하는지

앞집이 이사 가며 내다버린 주먹만 한 로즈마리 허브 두 포기
아파트 현관 앞에서 울고 있기에 집으로 데려왔다
거실에 키 큰 화분들 옆으로 나란히 놓고 보니
순서대로가 서열인 듯 마음이 불편하다
다시 그 사이사이에 하나씩 끼워 넣으니
덩치 큰 놈들 사이에서 부대끼던 학창 시절 생각나고
가운데로 함께 몰아 놓으면
무장 경비병 감시 받는 전쟁 포로들 같다
아니야, 이건 아닌데…
하나씩 양 끝으로 벌려 놓으니
임금님 행차에 시녀들 모양새이고
다리 긴 받침대 위에 올려놓으면
엄마 하이힐 신고 뒤뚱거리는 어린 아이들처럼 불안하다
이래저래 마음 골목에 황사 날리는 봄날 오후
포근 잠이나 자라고 창가로 옮겨 놓았더니
주눅 든 작은 엉덩이 토닥이던 봄 햇살
허브 향에 취하는지 지가 먼저 깜빡 까암~빡

중독

춘란이 꽃을 피웠다
미갈색 꽃잎처럼 향도 미갈색
감질나던 코를 들이밀다 슬쩍 건드린다
순간,
향은 진갈색
나는 독에 쏘인다

벌써 중독된 듯 눈은 가늘어지고
안면은 씰룩씰룩
아편쟁이에겐 더 독한 약이 필요하듯
코를 깊숙이 박고
킁킁대다
킁킁대다

나비가 된다

詩의 목줄

그린란드 썰매 견들은 늘 허기져 있다
썰매를 끌지 못할 때 얻을 수 있는 먹이란
겨울 햇살에 묻혀오는 온기 정도일 뿐

주인이 목줄을 들고 나타나면
물범 뱃살이 얼비치는 썰매 견들 눈빛에
파랗게 불꽃이 튀고
빨리 썰매를 끌고 싶어 헐떡이는 목 혈관이
컹컹 앞서 뛰쳐나가려 하지만
끝내 목줄 걸지 못한 개들은 구석으로 내몰린다

무겁게 침묵하는 빙산 곁에서
우우우… 북극의 어둠 속으로 묻혀버리는
배고픈 개들의 울음소리처럼

여기 구석방 불 꺼진 책상 앞에도
詩 한 줄 목에 걸지 못해 잠 못 이루는
허기진 울음이 있다

곁

곁은
살그머니 붙어 있다는 말
더불어 따뜻한 공기로 감쌌다는 말

비 오는 날
우산을 같이 쓰고 싶다는 말
우산이 작거나 빗줄기 거세지면
슬그머니 안겨도 좋다는 말

살랑살랑 버들가지를
찰랑찰랑 비춰 주는 물결처럼
같이 흔들리고 싶다는 말

네가 둥실 떠오르면
나도 덩달아 떠오르다가
서로의 날개가 된다는 말

곁이 틈을 버리면
너와 나 사이 틈을 버리면
우리는 하나가 된다는 말
비로소 곁이 된다는 말

저기요

거리에서
낯선 사람을 부르는 말
저기요~

호칭을 사칭한
뜬금없음이 쑥스러워
반송시켜도 좋을 그 말 속에는

뻗다만 다리처럼
어정쩡히 슬금 걸쳐졌고

누구라도 돌아볼
두루뭉수리 툭, 던져졌고

돌아보지 않아도 괜찮을
'아니면 말고'도 깔려 있지

친자도 양자도 아닌
부름씨의 이방인

〈

'아가씨' '총각' '아줌마' '아저씨'들은 그대로
꽃처럼 불려야겠지만
돌아보는 눈빛들 레이저로 변하니
마지못해
저기요~

그래서 살 만한

꿀 사러 가게에 들르면
아카시아꿀, 싸리꿀, 밤꿀만 있고
장미꿀, 튜울립꿀, 카네이션꿀은 없다네

비옥한 흙에서 뽑아 올린 순도 높은 재료들은
몸치장하느라 몽땅 써 버렸는지
꿀 한 방울 만들어내지 못하는
장미꽃, 튜울립꽃, 카네이션꽃

척박하고 푸석한 땅을 견디느라 꺼칠하지만
봄날 새벽, 새싹 트는 소리와 이슬 한 점까지 고이 모아
진한 꿀로 농축시키는
아카시아꽃, 싸리꽃, 밤꽃

화사하고 선명한 꽃들보다는 비탈이나 들판에서
희미하게 피는 꽃들의 꿀이 더 달콤하다네
시든 꽃, 찢긴 꽃, 병든 꽃들만 그러모아
꽃동네 소망소망 일궈가는 사람들은 더욱 그러하다네

3부

아오리

보리 줄기처럼 퍼렇다
칠월이라 아직은 붉게 익지 못해
풋내 나고 퍽퍽하다
덜 여문 보리쌀 한 줌 씹는 느낌이다
작년 가을에 갈무리해 둔 것들
모두 동나니
사과 없인 하루도 살 수 없는 나는
이거라도 먹어야 한다
길고 긴 보릿고개 넘어가야 한다
오늘도 한 개 퍼석퍼석 씹으며
오리[五里]만큼 넘어간다

느티나무 처妻, 단풍나무 첩妾

얌전한 고양이라더니
기생년 붉은 치마
살랑대는 꼴이라니…

박 영감도
최 영감도
눈꼬리 속
너구리 꼬리
씰룩대는 꼴이라니…

지난여름
내 치마폭 아래
노닥거리던 주제에
사내라고
값 하는 꼴이라니…

구시렁구시렁 느티나무
선들, 갈바람에
샐쭉, 돌아서서
질끈, 동여매는

열두 폭 치마

흥!
흥!
흥!
날리는 서릿발!!!

상강霜降

외로운 코스모스
바람을 붙잡고
하늘하늘 수다 중

오동잎처럼 펄럭이지는 않고
댓잎처럼 서걱거리지도 않고
잔잔하게
들녘에 번져가듯

계절에 쫓기던 바쁜 바람도
까닥까닥 맞장구 쳐주는
어느 가을날

수런수런
실핏줄 사연들
고백하는 듯

십일월

패티김의 노래가 느려지네
십오 년 된 턴테이블 위에서

구입한 지 삼십 년 지난 LP는
일흔 넘긴 여가수 얼굴처럼 주름 자글거리고

기복 심한 감성으로 튀던 바늘도 이따금
불렀던 노래 한 구절씩 되풀이 하는데

가을을 남기고 떠난 사람
가을을 남기고 떠난 사람

사람은 가도 남아 있는 계절에
흐려지는 눈길 창밖으로 돌리니

잿빛 머릿결마냥
윤기 없는 늦가을 햇살

십이월

31일로는 부족하다
첫눈 오는 날은 장충단 공원 시계탑 앞을 서성거려야하고
소복이 쌓이면 경춘선 열차를 타고 라라의 테마*를 들어야 한다
생애 마지막 달인 듯 그리운 사람들을 한 번씩은 만나야 하고
금요일 퇴근길엔 종로 2가 교보문고 앞에서 잠시 옛 애인을 생각하다가
캐롤은 거리에서 듣는 것이 제 맛이라며 하릴없이 배회하기도 한다
한 길로만 질주하다 목적지를 앞두고는
슬쩍 옆길로 빠져 나가고 싶은 욕망처럼
종착역에 다가가는 달력의 마음도 달싹거린다
서른 살로 넘어가던 허전함과
쉰 살로 훌쩍 뛰어 넘던 상실감은 까맣게 잊은 채
보신각 타종의 환호성에 십년 쯤 젊어지는 듯하다가도
종소리 그치면 거울 앞에서 아연 초조해지는 달

그래서 그 끝자락을 살아온 세월만큼의 무게로 눌러 놓고 싶은 달
지난 시절의 추억과 아쉬움이 한꺼번에 몰려들어
아무리 길게 주어도 짧기만 한 십이월은
사랑을 남겨두고 강을 건너가야 하는 나그네의 여정이다

*영화 닥터 지바고에 삽입된 음악.

일월

달력만 바뀌었을 뿐
며칠 전 내린 눈은 녹지 않고
그저께 갈아입은 내복도 그대로인
초하루 아침처럼

나 아직 서른아홉이야
떡국도 안 먹었잖아
양력과 음력사이를 오고가는 저 여자의
빨간색 립스틱처럼

벌써 한 달 다 지나 가는데
작년 것들 갚으라며
우편함에 버젓이 꽂혀 있는 고지서들처럼

새로울 것은 전혀 없는데 뭔가
새로운 것을 보여줘야 한다는
새해 첫 달,
정초부터 숨만 가쁘다

그렇게
해마다 반복되는 일월

3월의 DNA

한 발짝 내딛다 엎어지고
또 자빠져도
기어이 다시 일어나는
첫걸음마 아기처럼

꽃샘추위에 걸려 무릎 깨지고
때늦은 눈길에 미끄러져 이마 멍들어도
결코 봄을 놓지 않는
3월의 DNA

수십억 번 떠오른 태양으로
아침이 오고
수십억 번 꽃 피운 힘으로
봄은 오지

식탁이나 의자 다리 옹골지게 움켜잡고
한 걸음씩 옮겨놓는 아기처럼
봄 햇살 맵차게 거머쥐고 꼬물꼬물 올라오는
봄의 파릇한 손가락들

초경初經

지난밤을 어떻게 보냈을까
어둠도 모르게
뾰족 내밀어진 핏빛 봉오리
능선 밝히던 보름달은
구름 속에 가려졌고
여린 가지 토닥이던 봄바람도
골짜기서 코를 골던
지난밤을 어떻게 새웠을까

봄산 치맛자락에
핏빛 점점이 묻혀놓고
아침 햇살 눈부신 현기증으로
바들바들 떨고 있는
어린 진달래

간신히

보름 넘게
꽃망울 못 터트린 진달래

유난히 쌀쌀한
바람 탓도 있지만
탁, 터지는 순간
가슴속 핏빛 소원
함께 날아갈까
절벽 같은 침묵

뾰족해진 입술로
간신히
간신히

꼭 깨문 입술 사이
진분홍 핏물
슬몃
슬몃
배어나오는…

이렇게 어찔한 봄날에는

꽃들도 봄이라고
꽃구경 나온 화창한 오후

매화 꽃잎 뽀얀 속살에
노래진 개나리

그 꽃 속을 들락거리는 꿀벌들, 몸서리치는 희열에
덩달아 달아오른 진달래

보랏빛 그 몽롱함에 취해
아슬히 떠 있는 목련

야시시한 그 꽃잎 치마, 봄바람에 슬쩍 들춰지면
흘끔 훔쳐보는 노란 눈망울 산수유

게슴츠레한 그 눈빛에
자글자글 웃음 끓어 넘치는 벚꽃, 모두들

자기가 꽃인 줄도 모르고
서로 정신 못 차리는 꽃들의 열락

배 카페

그런데 누가 저 배에 바퀴를 달자 했을까?
등산로 입구에 척, 올라앉은 날렵한 배 한 척
더러는 항로 이탈을 우려하면서 또는
바다를 떠난 적 없다고 손사래 쳤겠지만
사공들에게 산은 상상만으로도 한 잔의 레몬 에이드
돛 내려놓고 팔뚝 힘줄만으로
바퀴 굴려 비탈 오를 땐
뱃고물 따라다니던 괭이갈매기나
술 없이도 취하게 했던 노을의 마법이 그리웠을 터
때 맞춰 울리는 뱃고동 소리에
저 배는 어디론가 또 떠날 태세인데
혼자 가면 어찌하냐고 발갛게 애끓는 마음
한 자락씩 내려놓으며 여위어가는
늦가을 나무들

하루

출근길,
두 다리는 집에 두고 나온다네
다리가 없는 나는 둥실 떠다니는 유령인간

지난 달 실적이 안 좋다고
김 부장에게 불려가 어퍼컷 한 방 먹었다네
벌렁 나뒹굴었지만
나는 유령인간
아프지 않았다네

오늘따라 반품 소동도 벌어졌네
두부에서 냄새 난다고 나이 어린
마트 구매 담당들에게 스트레이트를 맞았지만
나는 유령인간
쓰러지지 않았다네

유령은
모서리가 없다네
뾰족한 감각기관도 없다네
맞아도 내동댕이쳐져도

허허, 두루뭉술한 웃음뿐

하루 종일
유령으로만 떠돌다가
헛웃음만 흘리다가
집에 돌아와 현관 앞 구두에 꽂아놓았던
다리를 끼우고서야 방으로 들어가 쓰러진다네
그제야 아프다네

피아노

인간의 칠정七情을 얽고 엮어
여든 여덟 개의 건반을 만들었다
검은 건반을 누르면
날뛰던 욕망이 일순 주춤거리고
하얀 건반에서는
감추었던 본능이 순간 폭발하기도 한다
오른손과 왼손이 양극과 음극을 짚어나가다
찌릿한 전율이 양팔을 통해 심장으로 전해지면
연주자의 고뇌는 황홀한 감전感電
일그러진 얼굴의 주름에서도 음표들이 넘실거린다
변두리 없이는 중심도 없는 법, 구석진 건반의
들러리가 없다면 화려한 대 폴로네이즈*도 옹색할 것이다
연주 전 숨 가쁜 긴장이나
연주 후 묵직이 감도는 여운은 또 하나의 덤
일곱 옥타브를 넘나드는 인간의 정서를 고스란히 그려내기 위해
피아노는 지금도 저기 불 꺼진 무대 위에서
일곱 빛깔 음이 어우러지는 내면의 세계를
묵묵히 충전 중이다

*쇼팽의 작품.

그러다 가끔씩은

달력 속 바른 자세의 숫자 모양새를 요일별로 바꿔 보자

힘찬 시작 월요일 숫자 획엔 알통을 붙여 넣고
얌전한 화요일은 지금 그대로
마음부터 작아지는 수요일은 굵고 커다랗게
시 공부하는 목요일, 약간은 삐딱하게
옛사랑이 아픈 금요일은 잿빛으로 아련하게
뒹굴뒹굴 토요일은 숫자도 잡아 늘려 길게 눕혀 놓고
일요일은 태양의 붉은 색 그냥 그대로

그러다 가끔씩은 빈 칸으로 남겨두자
거울에 비친 주름이 일상의 거미줄로 보이는 날
물 빠진 포구의 폐선처럼 바닥 드러나는 날
산비탈 내달리는 짐승 되고 싶은 날들 위해
한 칸쯤은 비워놓자
벌집 같은 날들 사이 그곳에 숨어들어
부화되지 못한 알들 하나씩 날려 보낼 수 있게

개나리꽃 겨울학기 시창작반

겨우내 움츠렸던 마른 가지에
노란 피 돌게 하고
노란 꽃 피워 올렸어

야들야들 연초록 잎 돋을 때는
노란 풍선 꿈처럼 띄워 올렸고
좌충우돌 초록으로 짙어갈 때는
서마서마 안색이 노래지기도 했었지
시퍼런 잎사귀들 함부로 날릴 때도
노란 리본 수없이 매달았어

초록이 떠난 빈 가지에 다시
노랑이 돌아올 줄이야!
입동도 지났는데 웬 꽃이냐고
사람들 삐약삐약 동네방네 수선떨지만
하얀 눈 덮인 노란 설레임
개나리꽃 봉오리는 이제라도 화산처럼 터지고 싶어
부글부글 몸살 앓는 중이야

4부

소멸의 전설

두 아이 키울 때 우리 네 식구
각각의 점을 이어 사각형을 이루었다
집이 꽉 찼다

큰 아이 결혼해 나가고
세 개의 점으로 이어진 삼각형
넓이가 반으로 줄었다

작은 아이마저 군에 가니
남은 두 점을 이은 것은
한 가닥 직선

미래의 어느 날에는
점 하나로만 남을 것이다
머잖아 사라질 희미한 점으로

치

아내에게 화를 냈다
마음은 그게 아니었는데
울컥,
코드를 잘못 짚었다
잘못된 변주에 밀려난 주제

아내의 반격이 시작되고
하나씩 따져드는 그녀의 주제와
나의 발끈 변주가 엉켜버린 끝없는 불협화음
급기야 짙은 단조로 깔리는 그녀의 비장한 변주에
강요되는 불편한 쉼표

주제가 목표를 찾아가는 고행길이라면
변주는 주제의 지친 발 쓰다듬는 물소리이거나
쳐진 어깨 다독이는 바람소리일진대
까칠한 내 성격처럼 삐죽삐죽 찔러대는 뾰족한 변주

잘못 나간 변주를 되돌리려면
주제와의 사이에 어깨동무도 필요하지
근데… 내 맘 알지?

뜬금없는 애드립에
치~
꼭 다문 아내 입술 사이로 삐져나오는
엔딩 뮤직인가?
반가운 변주!

꾹꾹

김치 통에서 김치 꺼내달라던 아내가
한 마디 덧붙인다
꾹꾹 눌러놔요

꾹꾹 눌러 놓는 것은 아내의 오래된 습성
속으로 삭힐 일 많지만
내면을 드러내지 않겠다는 뜻
이따금씩 들추더라도
흔적은 남기지 않겠다는 의지

아내의 김치 맛이 깊어진 까닭은
그만큼의 세월 동안
분노와 허탈과 회환과 설움까지를
함께 눌러 놓았기 때문
그것들을 잘 삭혀 국물로 우려냈기 때문

꾹꾹 눌러 놓지 않으면 군내 나
이번 말은 잔소리로 들리지만
알았어, 하고는
앞으로의 아내 生도 함께 눌러 놓는다

역시 존 레논

결혼 전
존 레논의 팬이었던 아내가 만날 때마다
존 레논 존 레논 하기에
존 레논을 몰랐던 나는
이 여자, 뭘 자꾸 내놓으라는 거야
의아해 하다가
어이없어 하다가
꼬롬해 하다가
어느 날
그래, 사랑하는 사람이 원하는데…
그래도 나는 양식 있는 남자
아무데서나 내놓을 순 없어
그녀를 불러 들인 자취방에서
슬그머니 꺼내 놓았지
처음엔 주춤주춤 수줍어하던 그것이
이내 환해지더군
그렇게 우리는 결혼했고
나 역시 밤이면 밤마다
존 레논 존 레논 환호하는
광팬이 되었지

몰라!

화났어?
사흘째 술자리로 자정 넘어 들어왔더니
안방 문 거칠게 닫으며 내뱉는 아내의 말
몰라!

잔뜩 틀어진 심사처럼 꾸불꾸불한 ㄹ이
두 번이나 들어 있는 말
몰라!
입술 오므려 ㅗ로 시작된 토라진 마음이
ㅏ에 이르러 분노로 터져 나온 말
몰라!
아내와 나 사이 닫힌 방문처럼
다시는 열릴지 않을 것 같은 말
몰라!

하지만 아내여,
나는 알고 있지
당신 마음 이미 풀어진 것을
ㅗ로 옹크렸던 뾰족한 마음이
ㅏ와 함께 벌써 빠져나갔음을

우리 연애할 때 당신집 앞 으슥한 골목길에서
몰라 몰라
서너 번이나 도리질하고도
내 품에 안겼던 것처럼

성[城]

손자 본 친구가 한 턱 낸다고
다섯 부부가 모인 토요일 저녁

여자들 수다 끓고
남자들 술잔 넘치는
열두 개의 스피커가 동시에 지글거리던 고기 집
수시로 갈리던 불판처럼 정신없던 종업원이
김치 달라는 한 친구의 말을
네~ 대답과 함께 북새통 속으로 던져 버렸다
발끈한 그의 아내가 뾰족한 한 마디를 빈 접시에 담아 내밀자
바로 밑반찬이 세트로 나왔다
남자들 다 헛거야
으쓱해 하는 여자들, 그러고 보니
나란히 앉아 있는 그녀들이 성[城]이다
주춧돌 엉덩이, 문기둥 허리, 맞닿은 어깨로 이어지는 성벽,
북소리 목청에다 파수꾼의 눈초리까지

남자들

그 성곽 그늘 아래서 편안히 술을 먹었다
잔 부딪침도 없이
카! 짜릿함도 없이

엄마는 무죄

큰 아이가 수험생 되고부터
아내의 기도가 잦아졌다
새벽기도로 나의 잠은 뜸이 덜 들었고
금식기도로 눈칫밥을 먹어야 했다

일요일 오후
말없이 외출했던 그녀가 점을 보고 왔단다
맙소사! 오전엔 교회, 오후엔 점집이라니
막장 드라마의 끝장을 보는 듯했지만
핀잔보다는 궁금증이 앞섰다

미신이라며 오늘의 운세도 보지 않던 그녀가
아멘 끝 입술 떨림이 가시기도 전에
점집을 기웃거린 것은
확실한 응답이 곤란하신 하나님만으로는
불안했기 때문일까?

합격 운이 있다는 점쟁이 말을 전하면서도
새 가슴 새 주먹으로 콩콩 찧는 그녀에게서
아내보다 열 배나 더 큰 엄마의 얼굴을 보았다

안경

안경이 새우잠을 자고 있어
주인이 엎드려 잠든 책상 위에서
한 달 후면 주인이 수능을 치르는 날
등급에 따라 안경테가 달라질 테니
차마 발 뻗고 잠들 수는 없는가 봐

안경은 종일 주인의 눈을 떠나지 못하지
힘겨운 십오 촉의 눈빛
책을 빠져나온 글자들이 안경알에 미끄러져
책상 위에 쌓였다가 흩어지기도 해

요즘은 안경도 한숨이 깊어졌는지
김 서림이 잦아졌어
그럴수록 안경알을 더 자주 닦아 주어야 해
속마음까지 챙겨 줄 여유가 없거든

하지만
조금만, 조금만 더,
잔뜩 웅크리는 모습에
안경 수건도 흔들리는
새벽 여섯시

그늘

저녁나절 다녀간 딸년의
헐거운 뒷모습이 천장에 박혀 있다
앙상한 어깨처럼 떨리는 문풍지

그만, 자
소나무 껍질 같은 목소리를 툭, 던지며
영감이 돌아눕자
할멈도 신음인 듯 길게 숨 몰아쉬며
등을 돌리고

함께 덮은 이불 속
가늘고
긴
적막

이윽고
할멈의 얕은 숨소리를
곁눈질로 훔쳐보던 영감
더듬더듬 담뱃갑 찾아 방문 여는 소리에
푸슷, 실잠 깬 할멈

〈
영감은 마루 끝에서
할멈은 방 안에서 쪼그려 앉아 맞는
푸석한 새벽

무주 산나물 할매

비 오는 날에도
무주장場에 좌판 벌이는
산나물 할매
손가락 굵은 마디는 호미처럼 억세고
손놀림은 나물 다듬는 칼날만큼 예리하다

달래 한 다발 사천 원
쑥 한 다발 이천 원
냉이보다 더 깊게 뿌리박힌 못 배운 한과
씀바귀보다 더 쓴물 나는 억척으로
다섯 자식들 다 대학 보냈단다

모처럼 자손들 모여 산골 외딴 집
파릇파릇 봄나물로 돋는 날
그 모습 보자고 산으로 들로 헤집고 다녔을
육십 년이 고스란히 허리에 얹혀졌다

아그들 오는 날이 나가 쉬는 날이지라

터질듯 한 나물 봉지 챙기시는 할매 손 위에서
더 분주해진 봄 햇살

억울한 까치씨

까치로 불리면서
목소리도 '깍깍'으로만 규정되었다
노래나 울음소리만 있는 것이 아닌데
그 두 가지 소리밖에 낼 줄 모르는
새대가리가 되었다
한때는 반가운 소식이라며 우표 모델로 써먹더니
이제는 시끄럽다고 쫓아내려 하니
까치발도 조심스럽다
하늘 수틀에 수놓는 새로서의 품격은 고사하고
어름치나 버들치, 가물치처럼
저 아래 물속 것들의 이름과 같은 돌림자로 불리니
체면 또한 말이 아니다
나무 꼭대기에 어쩔 수 없이 남겨진 감 예닐곱 개
까마귀도 파먹고
참새도 콩새도 떼 지어 쪼아 먹는데
하필 까치밥이라 이름 붙였는지,
그래도 밥값은 해야 한다며
인적 끊긴 산골 마을 심심치 말라고
종일 수다 떨어주다가 목이 다 쉬었다
칵… 칵…

적막

할아버지 할머니 두 분이 공원 나무 그늘 아래 앉아 계신다
네 명이 앉아도 남을 만큼 긴 의자인데
양 끝으로 뚝 떨어져 앉으신 것이
아직은 내외하는 사이인 듯 어색하다
할머니 왼쪽으로
돌아가신 영감님이 앉았던 자리만큼
할아버지 오른쪽으론
생전의 마나님 자리만큼 비워 놓았다
할아버지 먼저 말을 걸면
떨어진 거리만큼이나 뜸을 들이다 할머니 대꾸하신다
호기롭던 영감님이나 다소곳하던 마나님이
마음에 걸리는지
서로 마주 보지도 못하고 말끝만 흐리신다
공원 한 바퀴 다 돌고 올 때까지도 서먹하게 앉아만 계신 두 분
시계탑 그림자도 퇴근한 늦가을 공원 한구석에서
어슴푸레 조형물이 되어 가신다

소래 철교

답답한 듯 큰 눈이 휘둥그레진 남자는
말보다 표정이 앞서고
웃음이 통통 튀는 여자
히잡도 덩달아 끄덕끄덕 맞장구친다
우즈벡인 같은 남자와 인도네시아인 같은 여자
연인들인가, 한국말이 서툴다
낯선 땅에서 낯선 말로 나누는 낯선 사랑
각각 남동 공단과 안산 공단에서 일하다가
소래포구로 놀러온 모양이다
주말만 기다리는 그리움의 거리는
우즈벡과 인도네시아의 거리보다 멀고
아쉬움만 남는 만남은
인천에서 안산까지의 전철 시간보다 짧을 것이다
그래도 함께 건너가는 소래 철교에서는
어눌한 말의 옆구리에 날개가 돋고
마주 보는 두 눈엔 노을 꽃 피고

액면液面

상품의 액면가를 믿을 수 없듯이
사랑도 마찬가지

오늘 그녀와 싸운 이유가 액면 그대로일까
어제 무심코 던졌던 말 한 마디나
그제 참고 넘겼던 무관심이
파도처럼 차고 오른 것이 아닐까

남자가 마음이 넓어야지, 라든가
여자가 그것도 못 참고, 같은 말은
액면가를 부풀리는 사기

당신 눈동자에 비쳐지는 그녀 모습은
또 다른 각도의 액면일 뿐

사랑의 액면에 속지 마
그 아래 자기 방향으로만 흐르려는 거센 물살
그래서 꼿꼿하던 맹세도 물풀처럼 흔들리거늘

어떤 중매

좋은 사람 만나게 해주어 고맙다고
윤 선생이 아내에게 선물한 커피 잔 세트
잔과 받침은 예쁘게 어울리다가도
달그락달그락 마찰음도 나는 법

커피처럼
달고 시고 맵고 쓰고 짠 맛들이 밀고 당기다
하나의 맛으로 녹아들 때까지는
그래서 그대의 향으로 남기까지는
수 없이 서로의 맛을 지우고 또 지우겠지

봄 햇살이 커피 향처럼 설레는 탁자에 앉아
윤 선생만큼 예쁜 커피 잔 내려다보며
취직 시험 공부하러 도서관에 간 큰 아들 생각하는지
아내는 커피도 마시지 않고 티스푼만 만지작만지작

■□ 해설

독특한 감각과 내공으로 우리를 움직이는 시

오봉옥(시인, 서울디지털대학교 교수)

1

좋은 시는 발상이 뛰어난 경우가 많다. 좋은 표현 역시 뛰어난 발상이 뒷받침될 때 나오기 쉽다. 뻔한 생각으로 좋은 표현을 만들어내는 건 쉬운 일이 아니다. 그런 점에서 발상과 표현은 상호 뒤얽혀 있는 셈이기도 하다.

발상이 좋은 시인이 오래 살아남을 것임은 두말할 나위가 없다. 대표적인 경우가 황진이이다. 황진이의 시조라고 전해져온 것은 아홉수에 불과하다. 그럼에도 그이의 시조를 첫손에 꼽는 것은 뛰어난 발상 때문이다. 500년 전에 황진이는 사랑하는 사람을 기리며 "동짓달 기나긴 밤을 한 허리를 베어내여/ 춘풍 이불 아래 서리서리 넣었다가/ 어룬 님 오신날 밤이어든 굽이굽이 펴리라"고 표현했다. 겨울밤의 긴 시간을 잘라 이불 속에 넣어두었다가 사랑하는 임이 오면 펼치겠다는 발상이 우리로 하여금 소름을 돋게 한다.

발상은 대체로 나이와도 관계가 있다. 황진이 같은 발상이 나이 들어 나오기는 쉽지가 않다. 우리 문단의 여러 신인상 제도가 있는데 하나같이 젊은 사람을 선호하는 것도 그와 무관치 않다. 물론 나이와 상관없이 탁월한 발상을 보여주는 경우도 있다. 송찬호 시인이 그중 하나이다. 송찬호는 기발한 발상으로 대중의 사랑을 받고 있다.

내가 환갑의 나이에 접어든 주선균을 주목하는 첫 번째 이유도 거기에 있다. 주선균은 발상이 좋은 시인이다. 그는 뻔한 이야기를 뻔하지 않게 하는 재주를 가지고 있다. 그는 전혀 다른 방식으로 어떤 일들을 생각해내곤 한다. 가령 시의 입문을 이야기할 때에도

재미樂를 뚜껑艹으로 덮으면 약藥이다
약藥을 업業으로 삼은 지 이십여 년

이미 질식해 죽은 줄 알았던 재미가 어느 날
더는 못 참겠다는 듯 뿔 몇 개 달고 뛰쳐나왔다

그중 글文 뿔이 가장 날카롭고 길었다 그러나 글의
포장도로도 아니고 오솔길도 아닌
외줄을 타야하는 詩라니

글 재미로 또 한 번 묵직한 뚜껑에 갇힌 셈이다

하지만 뚜껑 속에서 자기를 향한 몸부림들,
봉오리蕾 안의 장미 어린 꽃잎처럼
항아리 덮개蓋 속의 밴댕이 젓갈처럼
고치繭 속에 밀봉된 제비나비 애벌레처럼
더 처절해져야겠다
詩의 뚜껑에 덮여 약藥이 될 때까지

－「뚜껑」 전문

할 이야기가 많아 시를 쓰게 되었다든지 어렸을 때부터 꿈꿔 오던 일이 그것이었다든지 하는 그런 상투적인 말을 동원하지 않는다. 詩를 '말씀 언'(言)과 '절 사'(寺)가 만난 말로 말의 사원이라고 풀이하듯 藥이라는 말을 "재미樂를 뚜껑⺾으로 덮으면 약藥"이 된다고 풀이하여 자신의 '업業'을 설명하고, 그 "질식해 죽은 줄 알았던 재미"를 위해 시에 눈을 돌리게 되었다는 이야기는 그 이야기를 풀어가는 새로운 방식 때문에 단숨에 우리의 주의를 사로잡는다. 그와 함께 이 시는 시에 대한 화자의 생각과 시를 쓰는 자세까지를 형상적으로 보여주고 있어 흥미를 자아낸다. 그에 의하면, 글 한 편을 완성해내는 희열은 그냥 주어지는 게 아니다. 고통을 동반한다. “항아리 덮개蓋 속의 밴댕이 젓갈처럼/ 고치繭 속에 밀봉된 제비나비 애벌레처럼” 오랜 시간을 견뎌야 하고, 나아가 처절하게 싸워야만 한다. 그런 치열한 과정을 거쳐야만 시 한 편이 완성되어 자기 자신에게도 약(완성의 희열)이 되고 타자에게도 약(영향)이 되는 것이다.

이 시집엔 창의적 발상을 선보이는 작품이 많지만 그 중 또 빼놓을 수 없는 것은 「말의 해빙」이다.

냉장고에서 꺼낸 사과의 꼭지 부분이 얼어 있다
꼭지는 사과가 나무와 말을 주고받던 통로
꼭지가 언 것은 못 다 전한 말들이 얼어붙었다는 얘기
할 말 못하던 사과도 이미 멍들었다는 얘기
이제 꼭지가 녹으면서
굳었던 하소연들 입김처럼 풀릴 것이다
(중략)
절벽 같던 아버지와의 육십 년 치 얼어붙었던 말들
일 년 만에 모두 풀어내시고
아지랑이 따라 폴폴 하늘로 날아가신
어머니의 해빙을 생각해 본다

– 「말의 해빙」 중에서

부모님 간의 화해를 냉장고 속 얼어붙은 사과로 풀어낸 이 시 역시 기발한 발상이 우선 우리의 시선을 사로잡는다. 화자는 부모님 간의 화해를 풀어내기 위한 시상詩想으로 냉장고 속 얼어붙은 사과의 꼭지를 떠올린다. 사과의 꼭지를 “나무와 말을 주고받던 통로”로 생각하고 얼어붙은 꼭지의 상태를 “못 다 전한 말들” 때문이라고 보는 이 기발한 발상이 독창적 표현미와 함께 뒤따를 내용의 궁금증을 증폭시킨다. 냉장고 속 얼어붙은 사과의 꼭지는 얼어붙은 어머니의 마음으로 연결된다. 어머니는 돌아가시기 일 년 전 ‘육십 년’ 동안 얼어붙었던 말들을 모두 풀어내는 식으로 아버지와의 화해를 시도한다. 그런 뒤 “아지랑이 따라 폴폴 하늘”로 날아오른다. 어머니의 그런 행위가 가슴을 싸하게 만드는 것은 진정성 있는 내용뿐 아니라 그것의 비유가 절묘했기 때문이라는 점은 두말할 나위가 없는 것이다.

2

내가 주선균을 주목하는 두 번째 이유는 시적 감동을 추구하기 때문이다. 그는 「말의 해빙」에서 느끼게 해주는 것처럼 발상의 새로움을 보여주면서도 그것을 한사코 시적 감동으로 연결시키려는 창작습관을 갖고 있다. 발상과 감동은 별개의 문제로 바라보아야 할 것이다. 발상은 새로움을 추구하고 감동은 시적 실감을 추구하기 때문에 전혀 다른 문제이다. 그런 점에서 발상이 좋은 시는 감동이 떨어지는 경우가 많다. 반대로 시적 감동은 강하게 느껴지는데 발상이 고루한 경우도 많다.

늙은 아비가 목욕탕 한쪽 구석에서
늙은 아들의 등을 밀고 있다

아프다는 듯 이리저리 뒤채는 아들과
이따금씩 한숨을 몰아쉬는 아비는
텅 비어 더 커 보이는 아들의 눈과
뭐라도 채워 넣으려 높아지는 아비의 음성은
사십도 안 된 나이에 아비만큼 구부정한
아들의 등과
힘없이 밀고 있는 아비의 아픈 어깨는 항상
결합상품으로 묶여 있어
천장에서도 뚝뚝 눈물이 떨어진다
이제는 평생 소아 방에 갇힌 아들이 아비를
밀 차례
수증기 자욱한 장난기가 히죽히죽
아비의 등에 찬 물을 끼얹는다
호호호… 아들의 웃음소리는 욕탕 안을 번

져가고

찔그렁찔그렁
늙은 아비의 눈 속에서 흔들리는
늙은 아들

―「결합상품」 전문

이 시는 발상의 새로움을 보여주진 못 한다. 목욕탕에서의 부자 간 이야기라면 소재의 측면에서도 우리에게 익숙한 것이고, 부자 간 정을 보여주는 이야기라면 주제의 측면에서도 익숙하다. 그럼에도 이 시는 우리에게 깊은 울림을 안겨준다. "늙은 아비"가 정신지체를 가진 "늙은 아들"의 등을 밀어주고 있다는 점, 그 "늙은 아들"이 어린아이처럼 "아비의 등에 찬 물"을 끼얹으며 장난을 치고 있다는 점, 그런 아들을 "늙은 아비"가 안쓰럽게 바라보고 있다는 점 등이 우리의 마음을 움직여 감동을 안겨주는 것이다. "늙은 아비"의 눈 속에서 "늙은 아들"이 "찔그렁찔그렁" 흔들리고 있는 것은 눈물이 고여 있기 때문이다. 부사어 '찔그렁찔그렁'은 작고 얇은 쇠붙이 따위가 떨어지거나 맞부딪쳐 울리는 소리를 가리킨다. 같은 뜻으로 사용되는 '절그렁절그렁'과 비교하면 조금 더 센 느낌을 준다. 그런 점들을 염두에 두고 본다면 정신지체를 가진 "늙은 아들"의 철없는 행위는 "늙은 아비"에게 쇠붙이 따위가 떨어질 때 나는 소리처럼 강한 자극을 주는 것으로 읽혀진다. 이 시가 눈물샘을 자극하는 것은 제목도 한몫을 차지한다. "늙은 아들"은 혼자서 자립적으로 살아갈 수 없는 존재이다. '결합상품' 처럼 "늙은 아비"와 한 덩어리가 되어야만 살 수 있는 존재. 그런 존재이기에 "늙은 아비"는 아들을 목욕탕까지 데리고 다니며 목욕을 시켜주는 게 아니겠는가. 그런 점에서 이 '결합상품'이라는 말이 우리의 가슴을 또 후벼 판다. 이와 같이 감동적 형상을 보여주는 작품으로는 직장인들의 고달픈 삶을 형상적으로 재생한 「하루」, 감정을 삭이며 살아가는 아내의 형상을 담담한 어조로 보여주는 「꾹꾹」 등이 있다.

주선균을 이야기할 때 빼놓을 수 없는 것은 이 시적 감동이 말놀이를 통해 표출되는 경우가 많다는 점이다. 크게 보면 이 말놀이는 발상의 새로움과도 연결되는데 이것은 그가 시에서 추구해야 할 가장 귀한 덕목으로 시적 감동을 생각하면서도 본능적으로 또 그것을 전달하는 새로운 방식에 집착한다는 걸 증명한다.

> 화났어?
> 사흘째 술자리로 자정 넘어 들어왔더니
> 안방 문 거칠게 닫으며 내뱉는 아내의 말
> 몰라!

잔뜩 틀어진 심사처럼 꾸불꾸불한 ㄹ이
두 번이나 들어 있는 말
몰라!
입술 오므려 ㅗ로 시작된 토라진 마음이
ㅏ에 이르러 분노로 터져 나온 말
몰라!
아내와 나 사이 닫힌 방문처럼
다시는 열릴지 않을 것 같은 말
몰라!

하지만 아내여,
나는 알고 있지
당신 마음 이미 풀어진 것을
ㅗ로 웅크렸던 뾰족한 마음이
ㅏ와 함께 벌써 빠져나갔음을
우리 연애할 때 당신집 앞 으슥한 골목길에서
몰라 몰라
서너 번이나 도리질하고도
내 품에 안겼던 것처럼

－「몰라!」 전문

이 시는 '몰라'라는 말의 어감을 독창적으로 풀이하여 우리에게 즐거움을 안겨준다. 'ㄹ'이 두 번이나 들어 있는 건 그만큼 심사가 꾸불꾸불하다는 것으로, '몰'의 모음 'ㅗ'는 토라진 마음을 보여주고 '라'의 모음 'ㅏ'는 분노의 마음을 표출한 것으로 풀이한다. 이렇게 풀이를 해주니 읽는 이는 자연스레 그 토라진 모습과 강한 어조를 떠올리게 된다. 거기에 덧붙여 다시 아내와 연애할 때의 시절을 추억하면서 "ㅗ로 옹크렸던 뾰족한 마음"이 "ㅏ와 함께 벌써 빠져나갔을" 것이라고 하니 토라진 척 방문을 닫고 들어가는 아내의 귀여운 모습과 미안해하는 화자의 모습이 오버랩 되어 떠오른다. 이러한 말놀이는 술을 먹고 늦게 들어가는 한 사내의 서사와 맞물려 즐거움을 증폭시킨다. 「몰라!」와 더불어 말놀이의 즐거움을 안겨주는 시로는 「역시 존 레논」이 있다.

결혼 전
존 레논의 팬이었던 아내가 만날 때마다
존 레논 존 레논 하기에
존 레논을 몰랐던 나는
이 여자, 뭘 자꾸 내놓으라는 거야
의아해 하다가
(중략)
나 역시 밤이면 밤마다
존 레논 존 레논 환호하는
광팬이 되었지

―「역시 존 레논」 중에서

「몰라!」가 독특한 말풀이로 즐거움을 안겨주었다면 이 시는 비슷한 음운을 떠올리게 해 즐거움을 안겨준다. '존 레논'이라는 이름은 자연스레 남성의 성기를 비속하게 이르는 특정 언어를 떠올리게 한다. 이 시의 서사 역시 그것을 가리킨다. 그럼에도 이 시는 관능적이거나 비속한 느낌을 준다기보다 유쾌한 말놀이의 재미를 안겨준다. 시인들은 시의 재미를 위해 말놀이를 구가하곤 한다. 주선균 역시 말놀이를 구가하는 경우가 많아 읽는 맛을 배가시킨다.

3

마지막으로 주선균을 평가할 만한 일은 그의 작품들이 고른 수준을 유지하고 있다는 점이다. 그것은 그가 오랜 시간 시적 수련을 해왔다는 걸 의미하고, 시 한 편 한 편을 완성하는 데에도 오랜 시간 공을 들였다는 걸 의미한다.

강가의 돌멩이
그도 처음엔
바람에 맞서고 물살에 버티던

角진 돌이었을 것이다

오랜 세월
바람에 쓸리고 물살에 뒹굴며
角들은
안으로 다져지고 밖으론 닳아져
바람도 슬쩍 흘려보내고
물살에도 적당히 굴려주는
노련한 차돌이 되었다

角진 턱은 간데없고
두툼한 턱으로만 남은 돌멩이

조심하라,
언제 뒤통수로 날아들지 모르니!

—「角」 전문

개인적으로 이 시는 주선균의 이름으로 가장 널리 알려졌으면 하는 작품이다. 이 시는 중년의 정서를 '차돌'의 비유로 보여주는 데 읽는 이로 하여금 절로 고개를 끄덕이게 한다. 열정으로 밀어붙이던 청년기를 "角진 돌"로, 세상을 관조할 줄 아는 중년의 삶을 "노련한 차돌"로 표현한 이 시는 참으로 여러 가지를 생각하게 한다. 누군들 순응만 하고 살았을 것인가. 세찬 바람과 물살에 맞서다가 상처를 입기도 하고, 때론 깊은 수렁에 빠져 좌절을 느끼기도 했을 터. 그러면서 "안으로 다져지고 밖으론 닳아져" 둥글둥글한 차돌, "바람도 슬쩍 흘려보내고 물살에도 적당히 굴러주는" 노련한 차돌이 되었을 것이다. 그러다보니 이제 "角진 턱은 간데없고 두툼한 턱으로만 남은 돌멩이"가 되어 하루하루 살아가는 것. 하지만 이 시의 마무리는 그렇게 살아가는 인생이라 할지라도 그것이 '차돌'임을 상기시킨다. 언제든, 뒤통수를 깔 수 있는 '차돌'이라는 것. 늙었다고 우습게 알지 말라는 것. 그런 점에서 반전의 묘미를 보여준 이 시의 마무리는 가슴을 철렁이게 하고, 뿌듯하게 하고, 풀어진 손가락을 움켜쥐게 한다. 이 시는 중년의 내면을 언어로 투시하는 힘을 유감없이 보여주는 수작이다. 글자 한 자를 넣고 뺄 수 없게 만든 단단한 작품이고, 중년의 나이로 살아가는 많은 사람들에게 새로운 에너지를 불어넣는 영양가 만점의 작품이다. 난 이 시를 중년의 외침, 중년의 선언문으로 읽었다. 앞으로 난 이 시를 여러 곳에서 낭송하게 될 것 같은 예감을 갖는다.

오늘 묵직한 시인 하나를 소개하는 기쁨이 크다. 난 그의 시집 원고를 한상차림을 받아든 느낌으로 읽고 또 읽었다. 그의 시들은 다채로웠다. 한식의 묘미가 다채로움에 있듯이 그의 시는 발상의 새로움, 말놀이의 즐거움, 가슴에 와 닿는 시적 형상 등 여러 가지 면을 동시에 보여주고 있었다. 거기에다 잔손이 많이 가는 우리나라 음식처럼 시 한 편 한 편을 정성껏 갈고 다듬었다는 느낌을 주니 믿음이 가지 않을 수 없었다. 그에게 문운이 함께 하기를 바라고, 대성하길 빈다.